Meine erste Tierbibliothek

Das Eichhörnchen

Text von Stéphanie Ledu-Frattini
Fotos von den Agenturen COLIBRI und JACANA

esslinger

Eichhörnchen leben allein auf Bäumen. An ihrem goldbraunen Fell und dem schönen buschigen Schwanz sind sie leicht zu erkennen.

Kleiner Kobold

Es ist schon Herbst ... Die Morgensonne dämmert sanft über dem Wald und weckt das Eichhörnchen. Es hat die Nacht in seinem Blätternest hoch oben auf der Eiche verbracht. Plötzlich steckt der kleine Rotschopf sein Schnäuzchen heraus. Das Eichhörnchen beginnt den Tag damit, sich ausführlich zu putzen. Es kratzt sich mit den Krallen am Bauch und kämmt seinen Schwanz, bis er ordentlich aufgeplustert ist. Jetzt ist es fertig!

Es lebt in Laub- und Nadelwäldern, aber es springt auch in Parks oder in Gärten umher.

Misstrauisch

Hopp, hopp! Kopfüber rast das Eichhörnchen den Stamm hinunter. Es hält einen Augenblick an und sieht sich um. Alles ruhig? Mit wenigen Sprüngen erreicht es eine Pfütze. Jetzt heißt es schnell trinken. Am Boden besteht die Gefahr, von einem Fuchs oder einer Katze gefangen zu werden. Misstrauisch klettert das Eichhörnchen so schnell wie möglich wieder nach oben in das Gewirr der Äste und Zweige. Dort fühlt es sich sicher.

Eichhörnchen halten sich mit den Krallen am Baumstamm fest. So fallen sie nie herunter.

🌿 *Mit ihren geschickten Pfoten können Eichhörnchen noch die kleinsten Körner halten. Einige Tiere sind Linkshänder, andere Rechtshänder.*

🌿 *Da sie vor allem trockene Körner fressen, müssen sie viel trinken.*

🌿 *Die Zähne der Eichhörnchen wachsen ständig nach. Um sie abzunutzen, nagen sie Baumrinde.*

Wenn die Sonne zu sehr brennt, nimmt das Eichhörnchen seinen Schwanz als Sonnenschirm. Nachts rollt es sich darin ein, um es schön warm zu haben.

💧 *Mit flachem Körper und abgespreizten Pfoten gleitet es dahin. Der Schwanz dient als Steuerruder.*

Akrobatisch!

Das Eichhörnchen springt flink von einem Baum zum anderen. Es läuft bis zur Astspitze, holt Schwung und springt durch die Luft. Drei Meter mit einem einzigen Sprung. Bravo! Während des Sprunges lenkt es mit dem buschigen Schwanz. Bei der Landung bremst es damit wie mit einem Fallschirm.
Für Eichhörnchen ist ihr Schwanz so wichtig, dass sie gut aufpassen, um ihn nicht zu verletzen.

💧 *Die hängt aber hoch! Was für eine Anstrengung, um die schöne Nuss zu bekommen.*

Mmm lecker!

Den ganzen Tag lang sucht das Eichhörnchen auf den Bäumen nach Nahrung. Samenkörner, Walnüsse, Tannenzapfen, Eicheln oder Haselnüsse: Der kleine Kerl bohrt ein Loch, schlägt die Zähne hinein und sprengt krachend die Schale.
Im Frühling frisst der rote Kobold außerdem Knospen und Blüten. Im Sommer ergänzt er seine Mahlzeiten mit Früchten und im Winter hält er sich an Pilze. Er frisst sogar die giftigen!

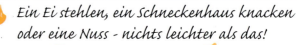

Ein Ei stehlen, ein Schneckenhaus knacken oder eine Nuss – nichts leichter als das!

 Das Eichhörnchen dreht den Zapfen in den Pfoten, um die Samen herauszuholen. Es schafft etwa zweihundert Zapfen am Tag.

🌿 Mit gespitztem Schnäuzchen erschnuppert das Eichhörnchen alle Gerüche des Waldes. Die Schnurrhaare sind sehr empfindlich.

🌿 Im Herbst fressen sie sich eine Fettschicht für den Winter an.

🌿 Schnüffelnd stellt es fest, ob eine Nuss gut oder schlecht ist.

Vorrat für den Winter

Im Herbst kümmert sich das Eichhörnchen um seine Vorräte. Es vergräbt eine Haselnuss am Fuß einer Fichte, es versteckt Tannenzapfen und trocknet Pilze in einem verlassenen Vogelnest ...
Achtung! Das Eichhörnchen hat nicht bemerkt, dass der Marder ihm auflauert. Geschickt verfolgt er es hoch oben im Baum, aber das Eichhörnchen flitzt auf einen dünnen Ast und springt ...
Uff, gerettet!

Manchmal holt sich der Baummarder nachts Eichhörnchen aus dem Nest.

Brr ... es ist Winter!

Im Winter ist alles verschneit. Es ist so kalt im Wald, dass die Eichhörnchen fast die ganze Zeit schlafen. Manchmal treibt sie aber der Hunger aus ihrem Nest. Auf den Bäumen gibt es nichts mehr zu fressen. Deshalb schnüffeln die Eichhörnchen am Boden und suchen nach ihren Vorräten. Hier eine Haselnuss, dort eine Eichel ... die kann es sogar durch dreißig Zentimeter tiefen Schnee hindurch riechen.

Auch der Fuchs hat großen Hunger. Achtung, kleines Eichhörnchen!

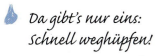 *Da gibt's nur eins: Schnell weghüpfen!*

Im Winter wächst dem Eichhörnchen Fell an den Ohren: die Haarpinsel.

17

Eichhörnchen treffen sich Ende Januar zur Paarung. Danach vertreibt das Weibchen das Männchen. Den Nachwuchs zieht es allein groß.

Paarung

Das Weibchen hinterlässt in seinem Revier Urin, um ein Männchen anzulocken. Das ist das Zeichen. Aufgeregt rennen zwei Männchen hintereinander her. Dabei stoßen sie spitze Schreie aus. Was für ein Kampf! Das Weibchen schaut zu: Mit dem Sieger wird sie sich paaren.
Das Nest für ihre Babys baut sie aber allein. Das ist viel Arbeit! Das Eichhörnchen verarbeitet Moos, Federn und Fellhaare zu einem warmen Bett.

Die Babys

Fünf Wochen später kommen drei Babys zur Welt. Sie sind blind und taub. Sie haben auch noch kein Fell, aber ihre Mama hält sie warm. Sauberkeit ist wichtig. Die Eichhörnchenmutter nimmt ihre Kinder eins nach dem anderen in die kleinen Pfoten und leckt sie sauber.

Jedes Baby wiegt so viel wie zwei Zuckerwürfel.

Die Kleinen sind noch unbeholfen. Kunststücke lernen sie erst später.

🍃 *Mama Eichhörnchen hat acht Zitzen. Jedes Baby erkennt seine eigene Zitze am Geruch.*

In ihrem Versteck verbringen die Eichhörnchenbabys den Tag mit Schlafen und Saugen. Sie wachsen schnell.
Mit einem Monat haben sie schon ein dichtes Fell. Ihre Augen öffnen sich und sie beginnen, etwas zu hören. Nach weiteren zwei Wochen können sie draußen auf Nahrungssuche gehen.

🍃 *Für den Notfall hat ihre Mutter mehrere sichere Verstecke eingerichtet.*

🔥 *Hilfe, ein Uhu! Diese Raubvögel mit den scharfen Krallen können lautlos fliegen.*

Küsschen, Küsschen. Die Kleinen sind dick befreundet. Beim Spielen üben sie ihre Akrobatenkünste.

Das kleine Eichhörnchen hat gelernt, stets wachsam zu sein. Aber es kann noch nicht so schnell weglaufen.

Verspielt

Die zwei Monate alten Babys wollen immer nur spielen, am liebsten Fangen oder Verstecken. Ihre Mutter muss sie ständig im Blick haben. Sie weiß nämlich, dass es im Wald für ihre unerfahrenen Kinder sehr gefährlich ist. Wenn eines zu weit weghüpft, packt sie es am Genick und trägt es in der Schnauze zurück zum Nest. Plötzlich stößt sie einen Schrei aus, um die Babys zu warnen: »Schnell, versteckt euch! Da kommt ein Uhu!«

Tschüss, Mama!

Es wird Sommer. Die jungen Eichhörnchen sind jetzt vier Monate alt und spielen nicht mehr miteinander. Ihre Mutter kümmert sich auch nicht mehr um sie. Die Wege der Familie trennen sich langsam. Jedes Eichhörnchen sucht sich im Wald ein eigenes Revier. Dort muss es dann genügend Nahrung finden und allen Gefahren aus dem Weg gehen. Mit ein wenig Glück werden die kleinen Kobolde zehn Jahre alt.

💧 *Im Juli, wenn sich ihre Jungen gerade ihr eigenes Revier einrichten, ist das Weibchen wieder trächtig.*

Artenschutz

Kleine Gärtner

Eichhörnchen wurden früher wegen ihres Fells und ihres Fleisches gejagt. Heutzutage stehen sie unter Schutz. Zwar schaden sie manchmal den Bäumen, aber sie sind auch hervorragende Gärtner, denn sie vergraben viele Samen in der Erde. Eichhörnchen kommen in allen europäischen Wäldern vor.

Wenn man sie nicht bedroht, kommen Eichhörnchen gern in den Garten, um sich mit Futter zu versorgen.

Gefährdete Art

Schon in der Steinzeit aßen die Menschen Eichhörnchen. Später tötete man die Tiere wegen ihres schönen Fells. Noch heute werden sie in der russischen Taiga gejagt. Zum Glück stehen sie in Deutschland und vielen anderen Ländern unter Schutz. Die Jagd auf sie ist größtenteils verboten.

Artenschutz

▪ *Vor 100 Jahren wurde das Grauhörnchen in England heimisch. Es ist schlauer und größer als das Eichhörnchen, das es völlig verdrängt hat.*

Gute Förster

Eichhörnchen erweisen den Wäldern große Dienste. Wenn nämlich ein Samen vom Baum fällt, wächst daraus nur selten ein Baum. Um zu wachsen, muss er in der Erde liegen.
Und im Herbst vergraben die Eichhörnchen überall Haselnüsse, Eicheln und Walnüsse. Wenn dann der Winter kommt, haben sie ihre Verstecke oft vergessen. So verhelfen die Tiere dem Wald zu neuen Bäumen. Danke, kleiner Rotschopf!

Schlechte Angewohnheit

Hast du schon mal Baumrinde von Ästen hängen sehen? Das war das Werk von Eichhörnchen. Im Sommer „schälen" sie die Bäume, damit sie an das zarte saftige Holz herankommen. Ohne den Schutz der Rinde werden Eichen und Tannen aber schnell krank. Das gefällt den Förstern gar nicht!

▪ *Eichhörnchen können sehr zutraulich sein.*

Die Verwandten

Eichhörnchen sind Nagetiere und gehören zur gleichen Familie wie Murmeltiere und Präriehunde. Ihre engsten Verwandten sind aber die hundertdreißig Eichhörnchenarten, die alle auf Bäumen leben. Sie unterscheiden sich in der Farbe, sind aber alle sehr wendig und haben einen buschigen Schwanz.

Familienalbum

Ein Grauhörnchen

Grauhörnchen sind doppelt so groß wie Eichhörnchen. In Nordamerika kommen sie häufig vor, sogar mitten in der Stadt. Sie sind an Menschen gewöhnt und fressen oft auch aus der Hand.

Ein Palmenhörnchen

Das asiatische **Palmenhörnchen** erkennt man an dem hübsch gestreiften Fell. Es richtet oft erheblichen Schaden in Kakaoplantagen an. Die Bauern jagen es dort, um es zu essen.

Familienalbum

🔥 *Ein Rothörnchen*

Das zweifarbige **Costa-Rica-Eichhörnchen** richtet häufig Schäden auf Kakaoplantagen an, weil es die Bohnen so gerne knackt. Es ist leicht zu zähmen, kann aber auch fest zubeißen.

🔥 *Ein Costa-Rica-Eichhörnchen*

Rothörnchen, auch Hudsonhörnchen genannt, leben in Kanada und Alaska. Sie ähneln dem Eichhörnchen sehr. Im Gegensatz zu ihren Verwandten springen sie gerne ins Wasser, denn sie können sehr gut schwimmen.

Venezuela-Eichhörnchen verhalten sich im Grunde wie andere Eichhörnchen. Im Tropenwald gibt es aber keinen Winter, deshalb wachsen ihnen keine Haarpinsel an den Ohren.

🔥 *Ein Venezuela-Eichhörnchen*

Einige Fragen zum Leben der Eichhörnchen.
Die Antworten findest du in diesem Buch.

Sind Eichhörnchen Einzelgänger?	6
Vor wem müssen Eichhörnchen sich hüten?	8, 15, 16
Trinken Eichhörnchen viel?	9
Was tun Eichhörnchen, um ihre Zähne abzunutzen?	9
Wozu dient der Schwanz?	10, 11
Wie weit können Eichhörnchen springen?	11
Was fressen Eichhörnchen?	12, 13
Wieso fressen sie im Herbst mehr?	14
Von wem werden Eichhörnchen nachts manchmal angegriffen?	15
Wo verstecken sie ihre Vorräte?	15
Verschlafen Eichhörnchen den ganzen Winter?	16
Haben Eichhörnchen einen guten Geruchssinn?	16
Wie heißen die Fellbüschel an den Ohren?	17
Wann paaren sich die Eichhörnchen?	18
Können die Eichhörnchenbabys bei der Geburt sehen?	20, 21
Wie viel wiegen Eichhörnchenbabys?	20
Wann fangen die kleinen Eichhörnchen an zu fressen?	21
Spielen die Eichhörnchenbabys viel?	23
Wie trägt die Eichhörnchenmutter ihre Kleinen?	23
In welchem Alter verlassen die kleinen Eichhörnchen erstmals das Nest?	24
Wie alt können Eichhörnchen werden?	24
Wieso sind Eichhörnchen so nützlich für die Natur?	26, 27
Warum schälen sie die Rinde von den Bäumen?	27

Fotos © 2002 Agentur COLIBRI:
J.-L. Paumard: Innentitel, S. 6 (o.), S. 12 (o.), S. 17 (u.), S. 29 (u.); A. Labat: Titelfoto, S. 9 (u.), S. 10, S. 14 (u.l.), S. 21 (o.), S. 24-25; Negro-Cretu: S. 8, S. 29 (o.); G. Fleury: S. 9 (o.l.); J. Ginestous: S. 9 (o.r.); C. Guihard: S. 12-13, S. 26 (u.l.); S. Blayac: S. 12 (Mitte); L. Triolet: S. 12 (u.); P. Viarteix: S. 14-15; M. und V. Munier: S. 15 (u.); C. Simon: S. 16-17; B. Boudinot: S. 17 (o.); P. Emery: S. 16 (Mitte); F. Merlet: S. 20 (u.l.); G. Bonnafous: S. 23 (u.), S. 28 (u.); P. Ricard: S. 26-27 (o.), S. 28 (o.); E. Medard: S. 27 (u.); C. Baranger: S. 29 (Mitte).
© 2002 Agentur JACANA:
M. Danegger: S. 11 (o. und u.), S. 14 (u.r.), S. 18-19; S. 22; S. Danegger: Foto der Rückseite, S. 23 (o.); D. Magnin: S. 6-7; M. Colas: S. 20 (r.); J.-P. Varin S. 21 (u.).

© 2002 Éditions Milan - 300, rue Léon-Joulin, 31101 Toulouse Cedex, Frankreich.
Die französische Originalausgabe erschien erstmals 2002 unter dem Titel »L'écureuil, croque-noisettes« bei Éditions Milan. Herausgeberin: Valérie Tracqui.

Aus dem Französischen von Anne Brauner.
Alle Rechte der deutschsprachigen Ausgabe:
© 2003 Esslinger Verlag J.F. Schreiber
Anschrift: Postfach 10 03 25, 73703 Esslingen
www.esslinger-verlag.de
ISBN-13: 978-3-480-21903-2
ISBN-10: 3-480-21903-9

3. Auflage 2006